Índice

La Importancia del Liderazgo en el Camino al Exito

    ¿Qué es el liderazgo?

    ¿Qué significa ser un buen líder?

    Diferencias entre un líder y un jefe

    ¿Qué caracteriza a un verdadero líder y cómo ser un líder eficaz?

Importancia del trabajo en equipo

    ¿Cómo crear al equipo ideal?

    ¿Cómo dirigir a un equipo?

    Motivar a tu equipo para lograr resultados positivos

¿Cómo afectan los fallos de un líder en su equipo?

Pasos a seguir, consejos y recomendaciones para ser un buen líder

La Importancia del Liderazgo en el Camino al Éxito

Vivimos en una época de movimiento y evolución sumamente veloz, la cual cambia de la noche a la mañana, y en cuestión de meses es capaz de reformarse a sí misma completamente, haciendo obsoletas las noticias y revelaciones anteriores.

Mirémoslo de esta forma. Hace unos años atrás, la idea de que los robots existieran en nuestro mundo era solo una trama para películas de ciencia ficción, y era fácil reírse ante la idea de ser atendido por un robot en un lugar de comida rápida, pero lo cierto es que un banco en Japón ya anunció que va a contratar robots para atender a sus clientes, y en Corea hay robots que reciben a los pacientes en clínicas dentales y con quienes se puede tener una amable charla.

PREPÁRATE PARA SER UN LÍDER POR JOSÉ SANABRIA GONZÁLEZ

¿Esta noticia te sorprende? Puede que al principio sí, pero la rapidez con la que ha avanzado la tecnología y la mentalidad del ser humano en los últimos años ha sido tan impresionante que este tipo de anuncios y noticias pasan a ser vistos con total normalidad en cuestión de minutos. Hemos visto tantos avances e innovaciones durante la última década que poco a poco nos hemos acostumbrado a la idea de que todo es posible.

Desde el 2018 hemos visto una cantidad impresionante de proyectos nuevos para los próximos años, en los que se incluyen la impresión 3D de piezas metálicas, embriones artificiales, predicciones genéticas, autos trepadores, televisores que se enrollan sobre sí mismos para ser almacenados, y muchas más.

Debes estar pensando, ¿qué tiene esto que ver con el liderazgo? Y antes de responder esa pregunta, déjame preguntarte algo a ti: ¿quién está detrás de todos estos avances que tenemos hoy en día?

PREPÁRATE PARA SER UN LÍDER POR JOSÉ SANABRIA GONZÁLEZ

Podrías decir que son las grandes corporaciones con gran presupuesto para desarrollar nuevas ideas, pero ¿de quién son estas ideas? Y ¿cómo pueden llevarlas a cabo?

Detrás de cada invento innovador que se ha presentado durante toda nuestra historia, hay un soñador, un líder, o un equipo de personas que trabajaron por mucho tiempo para que hoy puedas disfrutar de las comodidades que crearon.

¿Qué teléfono tienes? ¿Qué aplicaciones te gustan más? ¿Qué tal es la cámara? ¿Piensas cambiarlo dentro de poco? ¿Por cuál? Todas estas preguntas se las han hecho las personas responsables por crear tus dispositivos. Soñaron con su idea, planificaron su presupuesto, seleccionaron al mejor equipo posible, y trabajaron por ella hasta que tuvieron éxito.

En la cabeza de cada grupo que ha logrado crear y vender una idea al mundo, está un líder, que se encargó de motivar a su equipo, optimizar su eficiencia, y asegurar el éxito.

Como ves, sin liderazgo, muchos de los avances que hemos hecho tanto en tecnología y economía, como en la salud y el medio ambiente, no hubiesen sido posibles. El liderazgo es innovación, optimismo y efectividad, y es uno de los factores más importantes para lograr el éxito tanto en nuestra vida, como en nuestro trabajo.

Puede que vivamos en una época donde las noticias pasen rápido, y todo evolucione a gran velocidad, pero lo cierto es que la historia nunca olvida a aquellas personas que dejan una huella indeleble en su paso por el mundo y que son admirados, e imitados por millones de personas a lo largo de los años.

¿Qué es el liderazgo?

Empecemos por el principio. Para entender el impacto de un buen líder y cómo convertirnos en uno, es necesario entender de qué estamos hablando, en primer lugar.

El liderazgo, puesto en palabras sencillas, es el arte de motivar, comandar y conducir a las personas. Para ser líder necesitamos el apoyo de las personas a nuestro alrededor, ya sean llamados seguidores o compañeros, y son ellos los cuales notan las aptitudes y actitudes de una persona, y deciden escogerlo como su líder, para que esa persona sea la encargada de guiarlos.

Para ser líder no necesariamente se requiere tener un reconocimiento formal, sino que es más como un acuerdo colectivo. Es por esto que ser un líder significa tener la facultad de motivar a un grupo de personas para conseguir un objetivo.

Una actitud de **liderazgo** surge cuando se trabaja con un equipo de personas, influenciando positivamente sus comportamientos, e incentivándolos para trabajar por un objetivo común.

¿Qué significa ser un buen líder?

Te pregunto, ¿qué tienen en común nombres como la Reina Isabel II, Mahatma Gandhi, Steve Jobs, y Winston Churchill? Lo cierto es que cada una de estas personas han cumplido un papel muy diferente en la historia del mundo. Vivieron en tiempos distintos y tuvieron distintas causas, pero la verdad es que lo que ellos tienen en común, es que son mundialmente reconocidos como verdaderos líderes de la sociedad.

Veámoslo un poco más de cerca. Isabel II: carismática, excelentemente bien formada en dirección y altamente cualificada para tratar todos los frentes de un poderoso país. Es respetada por todos los gobernantes de los demás países, y es tratada con la mayor cortesía y el mayor respeto posible. Puedes pensar, "claro, es la reina, debe ser así," pero la monarquía hoy en día no es un factor de peso para muchas personas, por lo que podemos asegurar que a pesar de eso, la reina Isabel es una de las figuras políticas y una de las líderes mundiales más influyentes de los últimos años.

Mahatma Gandhi. Todos conocemos su historia, pero de todas maneras, aquí la tenemos. A través de la "desobediencia y la resistencia pacífica", o como él prefería "satyagraha", definido como la fuerza de la verdad, Gandhi comenzó a liderar una batalla contra el gobierno inglés, para liberar a su pueblo de la opresión. Impresionante, ¿no?

PREPÁRATE PARA SER UN LÍDER POR JOSÉ SANABRIA GONZÁLEZ

Steve Jobs fue parte de grandes polémicas por la manera en la que dirigía su empresa. Se describía como un líder duro, cuya labor no era llevarse bien con las personas, sino enseñarles a mejorar cada vez más. Fue criticado muchas veces por la manera en la que hacía las cosas, pero hasta hoy en día, es aclamado por su capacidad de construir uno de los más grandes imperios tecnológicos.

Y por último, tenemos al primer ministro británico Winston Churchill es reconocido por su capacidad de oratoria, con la que consiguió inspirar, motivar y levantar la moral de toda una nación durante la Segunda Guerra Mundial.

Durante la historia han existido muchísimos líderes, con distintas causas y ejecuciones, pero ¿qué tienen todos ellos en común?

Lo cierto es que estos personajes han logrado cosas que nadie más pudo, debido a su capacidad de influenciar y movilizar masas, su actitud carismática, y su excelente manera de inspirar a millones a seguir sus pasos.

Cuando hablamos de grandes personalidades, es normal sentir cierto grado de… desmotivación. ¿Por qué? Puesto que muchas personas no se ven a sí mismas logrando cosas tan grandes para la historia de la humanidad; pero estoy aquí para decirte que eso no es necesario.

Ser un buen líder significa que eres capaz de influenciar a las personas a tu alrededor positivamente, eres capaz de convertirte en una persona en la que confíen ciegamente, y puedes llevarlos a alcanzar metas que no podrían lograr si no estuvieses tú para motivarlos a ser cada vez mejor.

Esto no significa que tengas que ser presidente, revolucionario, o director de una empresa internacional; solo significa que eres capaz de llevar a un grupo de personas al éxito, ganándote su respeto debido a tu aptitud, y tu manera de enfrentarte a las adversidades.

Diferencias entre un líder y un jefe

Es muy fácil preguntarse, ¿qué tiene de diferente un líder y un jefe? Me refiero a que, ambos cuentan con un grupo de personas, ambos tienen el derecho de dar órdenes, y ambos se encuentran en una posición de autoridad sobre los demás. Todo esto es cierto, pero la verdad es que son más diferentes de lo que cree la mayoría de las personas. No todos los jefes son líderes y no todos los líderes son jefes. Dependiendo de las cualidades que tengan como persona, un líder y un jefe pueden ser lo mismo o pueden ser completamente distintos.

¿Cuál es el perfil de un jefe?

PREPÁRATE PARA SER UN LÍDER POR JOSÉ SANABRIA GONZÁLEZ

1. Los jefes trabajan por un sueldo, y no son responsables de cuidar a las personas bajo su cargo. Su autoridad no es otorgada por las personas a las que dirige, sino que estas personas deben someterse a sus decisiones.
2. Un jefe tiene siempre la última palabra.
3. Un jefe puede ser un gerente o supervisor, y éste debe responderle a los directivos de la empresa.
4. Ser jefe significa tener grandes responsabilidades, como ser guía en el equipo de trabajo, estar motivado siempre y ser un ejemplo de perseverancia y energía.

Un jefe puede ser un líder también, si es capaz de inspirar a las personas bajo su mando, y traducir esta inspiración en motivación que ayude a la empresa y a ellos mismos.

¿Cuál es el perfil de un líder?

1. Depende de las habilidades que posee una persona para dirigir un equipo de trabajo, y no con la posición jerárquica.
2. El líder inspira, motiva y dirige a un grupo de personas para alcanzar un objetivo común. Se le asigna una autoridad moral, y se le sigue sin obligación, sino por iniciativa propia.

3. No piensa en su beneficio solamente, sino en el de todas las personas a las que guía. Dirige a otras personas sin necesidad de obligación o fuerza.
4. Usualmente son responsables, inspiradores, innovadores y visionarios. Son personas inteligentes, carismáticas, con principios morales y auténticos.

Los líderes poseen visión a largo plazo, y sus decisiones son tomadas con bases y responsabilidad. Son coherentes con sus realidades porque las viven, aprenden y hacen crecer a su equipo, enseña, y crea oportunidades para todos.

Entonces, ¿en qué se diferencian?

- En un grupo, el jefe inspira temor y el líder genera confianza.
- Los jefes son generalmente imponen su autoridad, mientras que los líderes inspiran a los demás.
- Un líder trabaja pensando en el futuro, un jefe en el futuro cercano.
- Un líder piensa en las personas como personas. Un jefe ve títulos y currículums.
- Un líder quiere ganarse el respeto. Un jefe solo quiere caer bien.

Y así muchas otras cosas que hacen de los líderes y los jefes dos figuras completamente diferentes, y no deben ser confundidas. En el mundo sobran jefes y faltan líderes.

¿Qué caracteriza a un verdadero líder y cómo ser un líder eficaz?

No es fácil ser un líder. Las personas en posición de liderazgo suelen tener una serie de características que no son sencillas de obtener, y que muchas destacan por sí solas en personas que las han perfeccionado como un talento nato durante su vida.

¿Cuáles son unas de las más comunes e importantes características de un verdadero líder?

PREPÁRATE PARA SER UN LÍDER POR JOSÉ SANABRIA GONZÁLEZ

Primero que todo, posee la **capacidad para comunicarse eficazmente.** Un líder necesita estar en constante comunicación con su equipo, y debe saber expresar sus ideas claramente, asegurándose de que todos lo comprendan. También debe saber escuchar sugerencias y aprender de ellas.

Un líder también necesita **una buena cantidad de inteligencia emocional**, la cual se define como la habilidad para manejar los sentimientos y emociones propios y de los demás, y utilizar esta información guiar pensamiento y acción. Sin inteligencia emocional definitivamente no se puede ser líder, puesto que es difícil respetar a alguien que no comprende la manera en la que te sientes.

Debe poseer **la capacidad de establecer metas y objetivos realistas, y sobre todo, capacidad de planear cómo se lograrán.** Para ser un líder se necesita poder guiar a un equipo a un objetivo, pero si no sabemos cuál es ese objetivo, no serviría de nada. Un líder sabe cómo planear su estrategia, y cómo mantener motivado a su equipo para lograrlo de la manera más eficaz posible.

Un líder **se conoce a sí mismo.** Sabe cuáles son sus fortalezas y las aprovecha al máximo. Por supuesto, también conoce sus debilidades, y busca mejorar.

Tiene carisma. Carisma es la capacidad de atraer y caer bien con naturalidad, llamar la atención y ser agradable. Para adquirir carisma, basta con interesarse por la gente y demostrar verdadero interés en ella; lo cierto es que en el carisma está la excelencia. Debe interesarse verdaderamente por las personas para alcanzar la excelencia, la cual es lo contrario al egoísmo.

Siempre ve hacia arriba. Un líder mira hacia el futuro con optimismo y hace crecer a su gente. No se aferra a su puesto actual, y siempre busca maneras de mejorar.

Un líder **siempre está informado**. Siempre busca la manera de ser más innovador, y de entender a la perfección el panorama. Un líder sabe cómo se procesa la información, la interpreta inteligentemente y la utiliza en la forma más moderna y creativa que puede.

Un buen líder también **tiene la capacidad de ser 100% transparente**. Si esto no fuera así, ¿cómo podría generar confianza en su equipo? Un líder debe saber que para que las personas confíen en su visión, debe estar dispuesto a mostrarse como es realmente, sin "máscaras". Un buen líder también **cuenta con una gran cantidad de paciencia, integridad, y pasión.**

Lo cierto es que podríamos hablar sobre las cualidades de una persona apta para el liderazgo por cientos de páginas, pero no importa cuántos argumentos y ejemplos leas sobre esto, lo más importante en el camino a convertirse en un líder eficaz, es estar dispuesto, desde el fondo de tu corazón, a comprometerte a ser tu mejor versión, y llevar a tu equipo al éxito, por sobre todas las cosas.

Importancia del Trabajo en Equipo

Te pregunto, ¿una ciudad tendría necesidad de elegir un gobernante si solo vive una persona en ella? ¿Una persona que no tiene superiores, ni equipo de trabajo podría llamarse jefe? La respuesta a estas preguntas es simplemente no. ¿Por qué? Porque no puede existir un líder si no hay un grupo detrás de esa persona que lo haya elegido como tal. Por ende, nadie puede decir que es un líder, si no está liderando a nadie.

Para un líder, su equipo es lo más importante de todo. Son las personas que lo impulsan a ser cada día mejor, y sabe que, aunque el líder sea el encargado de dirigirlos, no podría llegar a nada si no fuera por el talento y el trabajo de las personas a las que dirige. La mayoría de las prioridades de un líder se enfocan en el bienestar y buen funcionamiento de su equipo, y de esto depende que el grupo cumpla con sus objetivos.

La idea del trabajo en equipo se remonta a la época en la que el ser humano comenzó a vivir en conjunto, y para crear a la sociedad que conocemos hoy en día, se necesitó la ayuda de todos los miembros de cada comunidad.

El objetivo del trabajo en equipo es aprovechar al máximo diferentes destrezas, ideas, inteligencias y capacidades para la realización de una actividad, de tal modo que por el mismo hecho de compartir el trabajo de esa actividad los resultados se logren de manera más rápida, efectiva, y sólida.

¿Cuál es el verdadero valor de trabajar en equipo?

Primero que todo, el trabajo en equipo **crea una especie de sinergia en la que el resultado de la suma es mayor que la de sus partes**. El impacto más importante de un equipo está en el hecho de que indudablemente pueden lograr más cosas juntos, que lo que lograrían de manera individual.

Además, **empodera a los miembros del equipo**, eliminando obstáculos comunes que pueden impedir que logre sus objetivos. Asignar responsabilidad a alguien lo anima a tener iniciativa y creatividad para resolver problemas.

Impulsa el trabajo multidisciplinario, en donde los miembros del equipo pueden aprender unos de otros para mejorar sus propias habilidades. También, **promueve el sentido de logro, la equidad y la amistad.**

El trabajo en equipo también fomenta un tipo de estructura de trabajo que se caracteriza por ser **más flexible y con menos**

jerarquía, en la que los miembros tienen la confianza necesaria para la tomar decisiones en conjunto.

¿Cómo crear al equipo ideal?

Solos no podemos ser perfectos, pero un grupo sí que puede serlo.

Antes que todo, para crear un equipo ideal es necesario analizar unos aspectos importantes sobre tu lugar de trabajo. La cultura de trabajo y el ambiente de ciertas compañías juegan en contra de nosotros al momento de formar a un buen equipo de trabajo. Por ejemplo, en las empresas donde existe el sistema retributivo. Este sistema se enfoca en retribuir a cada empleado por sus logros personales.

Un ejemplo muy sencillo sería un vendedor que gana comisiones por la cantidad de productos que venda. En este tipo de compañías se favorece la competencia entre empleados, y no el trabajo en equipo.

Por esta razón, es importante analizar las variables estructurales. La cultura de la empresa en cuanto al trabajo en equipo, qué tan competitivos son los empleados, qué tan separados se encuentran en un entorno físico, cuánta comunicación existe entre los empleados, y muchas cosas más.

Si al estudiar los factores anteriores se llega a la conclusión de que las circunstancias favorecen al trabajo en equipo, entonces podemos comenzar a entender cómo se forma al equipo ideal.

¿Qué debe tener un grupo para alcanzar los objetivos correctos?

Primero que todo, el grupo debe tener **visión.** Es necesario que el equipo tenga un objetivo definido y una meta planteada que todos los miembros conozcan y compartan. Esta información debe ser proveída por el líder del grupo.

Además, es importante tener en cuenta que cada miembro tiene sus objetivos personales. Por eso, es fundamental descubrir cuáles son los objetivos ocultos de cada miembro del equipo. Por ejemplo, en un equipo de beisbol, el objetivo de todos es ganar el campeonato, pero cada miembro tiene un objetivo personal, que podría ser una extensión del contrato, mejorar el bateo, llegar al equipo principal, y más.

Es por esto que los objetivos personales de cada miembro del grupo tienen repercusiones en su grado de participación o en su actitud, y puede resultar en dificultad para unirse como equipo. Es necesario averiguar los objetivos de cada miembro para asegurar que el grupo vaya en la misma dirección.

Compromiso. Es importante saber qué interés tiene cada persona en cumplir los objetivos del equipo. Puede pasar que algún miembro no esté tan interesado en el objetivo del equipo, por lo que quiera acostarse sobre su silla y dejar que pasen las horas sin hacer nada productivo, mientras otros miembros trabajan a cada minuto. La cuestión es que si dentro de un equipo varía el grado de compromiso de sus miembros, el resultado global final se resentirá.

Para asegurar que el equipo se maneje bien, debe existir **comunicación efectiva.** No se trata de que todos los miembros se lleven bien entre sí, pero que la información que manejan sea transparente y circule con libertad entre todos ellos. Esto incluye problemas entre los miembros del grupo, también. Si una persona tiene un problema con otro miembro, lo mejor es hablar abiertamente de ello y llegar a una solución.

Lo mejor es que los miembros del equipo sean seleccionados para llevar a cabo sus roles funcionales en base de sus conocimientos y experiencia, sin tener en cuenta si sus rasgos personales le ayudan a trabajar en equipo.

Es por esto que seleccionar a un amigo para que sea parte de tu grupo es un arma de doble filo; puede que signifique un alivio para ti, puesto que es fácil comunicarse con esa persona, pero en los equipos de trabajos en donde no existen recompensas diarias, cualquier cosa se siente como una; por ejemplo: la comunicación con el jefe. Si el líder tiene un trato preferente con uno de los miembros, está dando más autoridad a unos que a otros, lo que puede causar conflictos dentro del equipo.

Es por esto que se debe apelar a la madurez y profesionalismo cuando se trata de crear un equipo de trabajo.

¿Cómo dirigir a tu equipo?

De nada sirve contar con el mejor equipo si no sabemos cómo dirigirlo para cumplir con los objetivos trazados. Esto no es tarea fácil. La verdad es que muchas empresas fallan en encontrar la mejor manera para mantener motivados a los integrantes del equipo, resultando en una pobre ejecución del objetivo final. Lo cierto es que cada grupo es distinto, pero sí existe una manera de asegurar que estemos en buen camino.

1. **Actitud Favorable.**

Antes que todo, el líder debe encargarse de crear **una actitud favorecedora** en el equipo. Con actitud nos referimos al ambiente en el que el equipo trabaja, se desempeña, e interactúa con todos los miembros. Se ha demostrado que un equipo responde a su líder en gran medida, es decir, que el propio líder crea un sentimiento en el equipo mediante su actitud y comportamiento.

Es tarea del líder mantener una actitud motivada y optimista que se refleje en el equipo. Para esto también es importante la manera en la que se expresa y se dirige a su equipo.

2. **Sé cercano a tu equipo.**

Para que un líder pueda dirigir efectivamente a su equipo, debe estar dispuesto a mostrarse como una persona **accesible.** Esta es una de las grandes diferencias entre un jefe y un líder, puesto que un jefe normalmente no se considera como una persona a la que se le proporciona críticas constructivas o sugerencias. No hay nada peor en una persona encargada de dirigir equipos que el que mantenga la distancia con sus compañeros de trabajo. Esto generalmente crea una especia de barrera invisible, con dos bandos separados; el que dirige y el que acata. Esto debe ser evitado, ya que puede crear tensión y conflicto en el grupo.

Mostrarte como un líder accesible a los miembros del equipo y ser percibido como uno más del grupo, ayuda a que haya fluidez dentro de la dinámica del equipo, lo cual resulta en la productividad del conjunto.

3. Ser firme, no agresivo.

Para ser un líder no solo se necesita carisma, sino también **se necesita tener dotes de mando.** Para poder dirigir un grupo con tranquilidad, el líder debe ser respetado como una figura digna de seguir. Es por esto que se debe tener la capacidad de ser firme cuando la situación lo requiere.

Se debe saber contribuir al trabajo efectivo y a la dinámica del grupo en modo que el equipo se mantenga en un camino fluido y no se endurezca el ambiente de trabajo.

4. Tomar decisiones difíciles

Con los dotes de mando viene la capacidad de **tomar decisiones por el equipo.** Cuando se trata de situaciones que podrían alterar el rumbo del proyecto, muchas veces se deben tomar decisiones de manera individual, y no en conjunto. Es una situación complicada, y puede ser causante de gran estrés, pero un buen líder debe estar dispuesto a ello sin importarle su puesto o la popularidad.

Las decisiones deben ser tomadas con frialdad, siempre asegurándose de mantener el beneficio del equipo y la empresa en mente.

5. Confía en tu equipo

Muchas veces la posición de líder se confunde con que debe estar encargado de todo, y permanecer presente en cada paso del proyecto, supervisando a cada miembro del equipo. Mantener cierto control sobre algunos aspectos del equipo y del desarrollo del proyecto no tiene nada de malo, pero querer encargarse de todo no sólo es complicado, sino que es una tarea agotadora, que lo más probable es que solo logre alejarte del objetivo principal, y agote tus fuerzas.

Un líder debe saber **confiar** en que cada miembro de su equipo es capaz de completar sus tareas de la mejor manera posible, y que no tiene la necesidad de estar supervisando cada movimiento que hagan.

Esto empodera a los integrantes del equipo, y da paso a una mejor dinámica y resultados efectivos.

Motivar a tu equipo para lograr resultados positivos

Las tareas diarias, los problemas en la vida personal de cada quien, las inseguridades, y muchas cosas negativas que nos encontramos en el día a día tienen el poder de desmotivar seriamente a una persona.

Cuando alguien siente que las cosas no le están saliendo bien, es propenso a sentirse inútil y decaer en su productividad diaria. Lo que un equipo de trabajo necesita por encima de todas las cosas, es a un **líder que sepa motivar a cada integrante**, y que le haga ver que su trabajo es importante y que es reconocido y apreciado dentro del grupo.

Siempre debemos tener presente que un empleado motivado es mucho más productivo que uno desmotivado. Para un líder, es sumamente importante inspirar todos los días a su equipo a lograr los objetivos trazados, y mantener la visión en la meta final. De esto depende el rendimiento del grupo en general.

1. **Cuida el ambiente de trabajo.**

Es importante mantener un ambiente de trabajo limpio y agradable física y visualmente, puesto que esto ayuda a que la atmosfera se sienta más ligera, y la interacción entre los miembros ocurra con mayor fluidez. Sin embargo, con cuidar el ambiente no nos referimos solo al hecho de que los escritorios estén limpios y la papelera se cambie todos los días.

En un ambiente de trabajo, gran parte de la productividad de cada empleado depende en cómo se sienta éste en el trabajo. Es decir, si las personas se sienten a gusto con sus compañeros, estarán mucho más motivados a lograr los objetivos trazados.

Veámoslo de esta forma. Imagina que trabajas en un lugar donde constantemente te sientes amenazado, intimidado, o ridiculizado. Un lugar en donde tus compañeros no tienen ningún tipo de solidaridad contigo, y que tus esfuerzos son sujeto de burla. Ciertamente, sería completamente comprensible si no sintieras ningún tipo de motivación para seguir trabajando allí, o si simplemente decidieras renunciar. Evidentemente, este es un ejemplo un poco exagerado, pero lo cierto es que muchas personas lo han vivido en algún punto de sus vidas.

Es por esto que un líder debe conocer cómo integrar a los miembros del equipo para que la interacción y dinámica entre ellos sea la mejor posible. Se deben fomentar las actividades comunes dentro y fuera del trabajo, para estrechar lazos de amistad y respeto entre los integrantes del equipo. De esta manera se mejora la comunicación del equipo y se evitan malentendidos e incomodidades.

2. **Incentiva a los empleados**

Cuando se trata de trabajo, pocas cosas motivan tanto a un empleado como saber que es apreciado por sus superiores. Se debe incentivar el buen trabajo tanto con palabras como con acciones, para asegurar que se animen a mantener el mismo rumbo.

Ponte en el lugar de los trabajadores, y pregúntate qué te gustaría recibir de tus superiores. Interésate honestamente por los esfuerzos de las demás personas, siente empatía por sus problemas, y haz todo lo que tengas a tu disposición para que cada persona se sienta valorada dentro del equipo. De esta manera estarías alzando la motivación de cada uno, y progresando en el rendimiento del equipo en conjunto.

3. Mantén una buena comunicación

Para que un empleado se sienta motivado, primero debe tener en claro por qué debe estarlo. El líder debe ser capaz de comunicarse con cada integrante, para hacerle saber cuál es su lugar en la empresa, en el proyecto, y en el equipo. Un empleado que está bien situado en su puesto es mucho más propenso a mantenerse motivado en el trabajo, y sentirse a gusto con la posición que mantiene.

Un trabajador que no sabe bien cuál es su lugar en el equipo o cuáles son sus tareas, es un empleado inseguro, y por ende, desmotivado, por miedo a equivocarse o que su trabajo no sea apreciado.

Es por esto que es sumamente importante que el líder se tome el tiempo de hablar con cada uno de sus integrantes para explicarle cuáles son sus tareas, y qué se espera de su trabajo. También, es crucial mantener una actitud accesible, con la cual los integrantes del grupo puedan sentirse identificados, y no tengan miedo de acercarse a resolver sus dudas y compartir sus problemas.

La comunicación es importante para que el ambiente de trabajo se mantenga solidario y empático, aumentando la motivación de cada integrante.

4. Sé flexible

La vida está llena de problemas, complicaciones, y situaciones difíciles, ya sea en el ámbito laboral, social, familiar, y muchos más. Para un empleado, el hecho de sentir que la empresa comprende su situación personal y lo apoya hace que su motivación para continuar trabajando y alcanzando metas dentro de dicha empresa sea mucho más grande.

Al permitir horarios más flexibles para que los trabajadores puedan balancear su vida laboral con la personal de manera más cómoda, hará que el empleado se sienta mucho más confiado y comprendido por sus superiores, aumentando su motivación, y causando una sensación de solidaridad en el ambiente de trabajo.

No es común para un empleado sentirse confiado al tener que pedir cambios de turnos o días libres para resolver conflictos personales, lo que causa una sensación de rechazo y poca empatía. Esto es lo que el líder quiere evitar al implementar horarios más flexibles para cada integrante.

Recuerda que valen más cuatro horas de trabajo productivo con resultados reales, que ocho horas de productividad a medias, que a la larga causarán que el objetivo final sea alcanzado en mucho más tiempo.

¿Cómo afectan los errores de un líder a su equipo?

Lo seres humanos no somos perfectos. Cometemos errores gran parte del tiempo, tenemos imperfecciones y podemos chocar con las personas a nuestro alrededor. Esto es completamente normal, y pensar que un líder está exento de sus errores como ser humano, es ilógico.

Los líderes cometen errores en el trabajo, es cierto, pero la diferencia está en cómo lidian con ello. Cuando un líder comete muchas equivocaciones, sin saber cómo manejar la situación, puede llegar a afectar al equipo como tal.

1. **Miedo:** Cuando un líder permite que el miedo paralice al equipo, los miembros de dicho equipo podrían sentir que la mejor acción ante un problema es la inacción, lo cual es completamente perjudicial, puesto que la mejor manera de lidiar con el miedo ante una situación difícil, es enfrentándolo. Si dejamos que el miedo nuble y paralice nuestras acciones, los empleados podrían quedarse atrapados en una especie de limbo, en donde no saben cuál es la mejor manera de actuar.

Es trabajo del líder convencer a sus empleados que siempre es mejor actuar ante los problemas antes de quedarnos inmóviles. Se debe ser proactivo y eficiente, y sobre todo, tener claro que cualquier problema puede ser resuelto si todos ponen de su parte.

2. **Negación:** Cuando el líder adopta una actitud de negación frente a sus propios errores, tanto de líder como de persona, podría proyectar esta mala actitud en el equipo, creando una pared invisible entre ellos, en donde los integrantes del equipo sentirán que el líder no es accesible, es incapaz de recibir criticismo, o que simplemente no ve más allá de su perspectiva. Para un líder es sumamente importante la manera en la que sus empleados lo perciben, y sobre todo, que las tareas del equipo no se vean estancadas por las actitudes que el líder adopta.

3. **Distancia:** Cuando un líder se aleja de alguno de los miembros del equipo debido a algún inconveniente dentro o fuera del ambiente de trabajo, la situación podría afectar a todos los miembros. La mayoría de las veces, dependiendo de la personalidad y forma de ser de cada quien, es muy posible que existan ciertos roces en los equipos de trabajo, pero cuando estos incluyen al líder, la mejor manera de solucionarlo es hablándolo de frente y limando asperezas antes de que perjudiquen al resto del equipo.

El líder siempre debe tener la capacidad de adoptar la actitud más diplomática y profesional dentro del equipo, para evitar que haya conflictos de intereses personales.

4. **Falta de comunicación:** Cuando un líder falla en escuchar las sugerencias de su equipo, las cosas pueden desmejorar rápidamente. Los miembros del equipo pueden perder confianza en el líder al sentir que sus ideas y sugerencias son menospreciadas por sus superiores. Esto puede crear tensión entre el equipo y el líder, y se corre el riesgo de que esto afecte a los objetivos finales. Además, un líder también debe estar al tanto de qué es lo que su equipo **no está diciendo.** El lenguaje corporal también importa, y puede proveerle información valiosa al líder. ¿Qué le dicen los ojos? ¿La postura? ¿El tono? ¿La expresión facial? Todas estas cosas conllevan a una conclusión que puede ayudar al líder a ser cada día mejor.

5. **Falta de protección:** Para un buen líder, el bienestar de su equipo debe ser la prioridad. La comunicación clara y transparente es necesaria, pero hay situaciones en donde el líder puede decidir si alguna información o golpe es capaz de

hacerle daño al equipo. En este caso, el líder puede decidir proteger a su equipo de una forma honesta, para evitar consecuencias negativas. Cuando un líder falla en proteger eficientemente a su equipo, y deja que tomen los golpes, los problemas, y las críticas de frente, puede que la moral se vea afectada, perjudicando al trabajo general y la motivación de cada miembro.

Pasos a Seguir, Consejos, y Recomendaciones

La base para ser un buen líder consiste en el respeto que los demás sientan hacia ti, y si algo podemos asegurar, es que el respeto de las personas no se gana solo. Un jefe, gran parte de las veces, no es particularmente respetado, sino temido. Para un empleado es intimidante cometer errores frente a su jefe, por miedo de ser despedido. La diferencia entre un jefe y un líder es que el líder no es temido, sino respetado. Sus empleados se sienten orgullosos de los logros del líder, y aprecian los conocimientos que provee al equipo.

Para ser una persona respetada, es necesario ganarse ese puesto. Esto no es tan fácil, pero tampoco es imposible. Todo depende de la manera en la que nos comportemos y tratemos a las demás personas.

Empieza desde abajo. Con esto no nos referimos a que debas empezar viviendo en la calle, ni mucho menos. En una empresa, empezar desde abajo se refiere al hecho de escalar puestos de trabajos con determinación y trabajo duro, siendo proactivo y audaz en lo que haces, y destacándote por la actitud que tomas. De esta manera las personas a tu alrededor podrán observar que te has ganado el puesto que tienes, y que pueden aprender mucho de tus logros.

Observa a quien te rodea. Puede que en tu oficina no haya un líder como Nelson Mandela, Gandhi, o Steve Jobs, pero sí hay personas capaces con diferentes habilidades que han llegado a ese lugar de alguna manera. Un buen líder se caracteriza por su capacidad de observar a la personas a su alrededor, y aprender de las mejores cualidades de cada uno. Fíjate en las personas que ves todos los días, y pregúntate qué podrías aprender de cada una de ellas. Puede que alguno de tus compañeros sea muy bueno atendiendo al público, pero los números no sean su fuerte. Tal vez otro sea un organizador nato, pero le cuesta comunicarse con sus compañeros.

Observar las fortalezas y debilidades de cada una de las personas que te rodean no solo te permitirá aprender de ellas, sino puedes llegar a conocer muy bien a tus compañeros, y aprender a utilizar sus fortalezas de la mejor manera, para que el equipo, y ellos mismos, se vean beneficiados.

Conoce a tus compañeros al pasar tiempo con ellos. Para un buen líder no solo es importante conocer las fortalezas de cada miembro del equipo, sino que también es esencial que conozca de verdad a las personas con las que trabaja. Debemos entender que para liderar a un equipo correctamente deben saber cómo trabajar en equipo, y la mejor manera de lograr esto es conociendo a cada integrante, no solo como trabajadores, sino también como personas.

No finjas ser quién no eres. Este es un gran consejo, no solo para ser un buen líder, sino para nuestra vida personal. Fingir que somos distintos a como en realidad somos es como una bomba de tiempo silenciosa. Pretender es sofocante. Tarde o temprano querremos arrancarnos la máscara que llevamos puesta, o simplemente se caerá sola.

Uno de los grandes errores que muchos cometen es querer imitar a otros que han tenido éxito, pero hay cualidades que simplemente no se pueden imitar, y terminan haciéndonos más daño que bien. Es sumamente importante encontrar nuestra propia esencia, y descubrir qué es lo que funciona para nosotros.

Esfuérzate por ser cada día mejor. Una de las mejores y más importantes cualidades de un líder es el hecho de que cada día se despierta pensando en nuevas formas de mejorar y convertirse en una mejor persona en todo aspecto. Una persona que prefiere mantenerse en la misma posición, y dejar que su equipo se estanque no puede ser llamado líder.

Un líder se caracteriza por buscar maneras de innovar, seguir motivando a su equipo, y de siempre aprender de sus errores para construir un mejor futuro. Es por esto, que con todas las herramientas que se te han sido dadas hasta ahora, debes siempre buscar la manera de convertirte cada día en una persona más preparada, lista y emocionada por un futuro próspero, tanto para tu vida personal como laboral.

Gánate el respeto de las personas a tu alrededor por siempre buscar el lado positivo a cada situación, saber manejar y aceptar tus errores, y cuidar genuinamente a las personas que tienes cerca. Conviértete a partir de hoy en el líder que tu equipo merece.

Ha sido un placer como siempre poner mi granito de arena en colaborar en tu camino al éxito, tanto personalmente como profesionalmente, esta guía te servirá como consulta y te ayudará a sentar las bases para formar tu carácter como una persona de éxito y un gran líder. Si deseas contactar conmigo o con mi equipo, para resolver dudas, contarnos tu historia personal, o cualquier tema referente al éxito o a la libertad financiera, en el correo electrónico. DESPACHOARES@GMAIL.COM. Tendrás a nuestro equipo a tu disposición.

José Sanabria González